YOUR KNOWLEDGE HAS VALUE

Aslani's "Het schaakspel van de wind" en Visconti's "L'innocente". Gelijkenissen en verschillen in de vormelijke benadering van drie gevoelens

Aaron Sabbe

Bibliographic information published by the German National Library:

The German National Library lists this publication in the National Bibliography; detailed bibliographic data are available on the Internet at http://dnb.dnb.de.

ISBN: 9783346558947
This book is also available as an ebook.

© GRIN Publishing GmbH
Nymphenburger Straße 86
80636 München

Print and binding: Books on Demand GmbH, Norderstedt, Germany
Printed on acid-free paper from responsible sources.

The present work has been carefully prepared. Nevertheless, authors and publishers do not incur liability for the correctness of information, notes, links and advice as well as any printing errors.

GRIN web shop: https://www.grin.com/document/1159649

Aslani's *The Chess Game of The Wind* en Visconti's *L'innocente*

Geketend met gouden boeien

door Aaron Sabbe

Mohammad Reza Aslani's *The Chess Game of The Wind* en Luchino Visconti's *L'innocente*, twee cinematische parels afkomstig van hetzelfde jaar, maar gemaakt in twee verschillende culturen. Toch is het naar mijn mening niet moeilijk om gemeenschappelijke tendensen te vinden in de thematisering van de twee films. Decadentie, de onderdrukking van de vrouw en vooral de zelfgekozen sociale isolatie van een zichzelf voorbijgestreefde rijkere klasse zijn onderwerpen die zowel in *The Chess Game of The Wind* als in *L'Innocente* tamelijk eenvoudig terug te vinden zijn. Met dit in het achterhoofd is het dan ook geen verrassing dat beide films ook een grote gelijkenis vertonen in de emoties die bij de toeschouwer geëvoceerd worden.

Het interessantste aan deze twee films zijn echter de artistieke keuzes die beide regisseurs gemaakt hebben om deze gevoelens bij het publiek teweeg te brengen. In deze paper ga ik op zoek naar de gelijkenissen en verschillen in de vormelijke benadering van drie gevoelens die beide films bij de kijker oproepen.

Isolatie

Zowel *The Chess Game of The Wind* als *L'innocente* verschaft ons dus een blik in een milieu dat velen van ons maar zelden te zien krijgen, namelijk dat van een rijk aristocratisch huishouden. Wat de film ons echter ook toont, is de isolatie en het sociale gevangenschap dat met deze klasse gepaard gaat. De meeste personages in beide films zijn gevangenen van hun eigen welvaart, veroordeeld tot een afgesneden en decadente levensstijl. Dit gegeven wordt zeer overtuigend gevisualiseerd door het briljante gebruik van de ruimte in beide films. In *The Chess Game of The Wind* omgeven de imposante en uiterst gestileerde ruimtes het personage en slorpen deze als het ware op. De personages worden vaak tot deel van het decor gemaakt. Dit zorgt voor een schijn van nietigheid en een vorm van afstandelijkheid ten opzichte van de kijker. Als we kijken naar een still van de slaapkamerscène op 01:10:07 (1) is duidelijk het gebruik van symmetrie en verticale lijnen binnen het shot op te merken. Deze vormelijke aspecten worden doorheen de gehele film herhaald. Het hoofdpersonage bevindt zich op de achtergrond centraal in het shot, haast loodrecht onder de punt van de kandelaar, tussen de verticale lijnen van het kader van het schilderij dat boven haar hangt. Aan weerszijden zitten twee dienstmeiden, bijna identiek gekleed, met daarnaast twee identieke ramen met dezelfde gordijnen en dan zijn er nog de dokter en Ramadan die een soortgelijke houding binnen het shot aannemen. Door de compositie van het shot, de grootte van de ruimte en de positie van de personages daarin, worden de personages haast tot meubilair gemaakt, alsof ze deel geworden zijn van die ruimte.

Een ander belangrijk element omtrent het inzetten van de ruimte is de ongelooflijke diepte die in vele shots merkbaar is. Het lijkt wel alsof de ruimte in deze film veel weg heeft van een podium in het theater. Personages komen op de achtergrond in beeld en verdwijnen ook weer, zoals toneelspelers die tijdens een voorstelling opkomen en na hun deel de scène weer verlaten. Eén zo'n ruimte waar deze diepte uiterst merkbaar is en ook een belangrijke rol speelt binnen het verhaal is de trappenhal. Op 00:22:53 (2) zien we bijvoorbeeld de dokter vanop de achtergrond de trap naar beneden lopen richting de camera. Na een dialoog met Atabac zien we hem op 00:24:29 (3) (vanuit een ander camerastandpunt) ook weer van de camera weglopen en in de achtergrond van het shot verdwijnen. Dit theatrale gebruik van de ruimte draagt natuurlijk bij tot het gevoel van gevangenschap dat in deze film geëvoceerd wordt. De personages lijken slechts een rol te spelen die hen is opgedragen, ze zijn niet vrij in hun handelen en moeten zich plooien naar de norm die de samenleving hen dicteert.

The Chess Game of The Wind is een film die grotendeels uit zeer statische shots bestaat, zeker als we het hebben over de shots die binnen het huis zijn opgenomen. Wat echter contrasteert met deze statische camerastijl is een terugkerend shot waarin de dienstmeiden buiten op de voorkoer de vuile was doen in een fontein, terwijl ze roddelen over het huishouden en over koetjes en kalfjes praten (bijvoorbeeld op 01:06:24). Er wordt hier gebruik gemaakt van een zeer trage dolly-in waarbij de camera dichterbij komt. In dit shot zit een zekere levendigheid. Buiten het huis en weg van hun "meesters" zijn de dienstmeiden onder elkaar en moeten ze zich niet schikken naar de wetten en gedragscodes die het huishouden domineren.

De desolate sfeer die in het huis heerst, wordt versterkt door de geluidsband van de film: een rijk sonisch landschap met onder andere het geluid van huilende wolven/honden en tjirpende krekels (vooral 's nachts dan), waardoor we het gevoel krijgen dat het huis zich ergens "in the middle of nowhere" bevindt. Dit is grappig, want op het einde komen we met een sublieme kraanbeweging met de camera te weten dat het huis in de grootstad Teheran gesitueerd is.

L'innocente gebruikt de ruimte vaak op een soortgelijke manier als *The Chess Game of The Wind*, maar anderzijds toch ook helemaal niet. Het grootste verschil met die andere film, allesbepalend voor de vormelijke benadering van de ruimte in *L'innocente*, is de verhouding die de personages tot die ruimte en bijgevolg tot hun leefwereld hebben. Waar de personages in Aslani's film vaak in dienst lijken te staan van de ruimte is de situatie in *L'innocente* juist tegenovergesteld. De personages worden wel degelijk omgeven door de ruimte, net zoals in *The Chess Game of The Wind*, maar in tegenstelling tot die film zijn ze hun ruimte juist de baas. De rijkere klasse is hier meester van hun eigen habitat. We worden als kijker meegezogen in hun wereld en krijgen er ook nooit een andere te zien. De (rijke) personages in *L'innocente* domineren hun omgeving in tegenstelling tot die in de andere film. Dit vertaalt zich in een veel beweeglijkere visuele stijl en een andere invulling van de ruimte. Net als in *The Chess Game of The Wind* is de enorme diepte in de ruimte hier een zeer opvallend vormelijk aspect. Verschillend in beide films is echter de positie die de personages in de ruimte innemen. De personages in *L'innocente* staan meestal centraal op de voorgrond van het kader en spelen een actieve rol binnen de ruimte. Dat kunnen we bijvoorbeeld zien als we kijken naar een still van een scène in een restaurant op 01:18:17 (4). Tullio en Teresa worden terwijl ze aan hun tafel dineren begroet door Federico. Deze laatste staat centraal in beeld met Tullio en Teresa bijna symmetrisch aan weerszijden. Deze drie personages zijn in dit shot de enigen die ertoe doen, niet alle dinerende koppeltjes die in de achtergrond van het shot te zien zijn. De diepte in dit shot wordt dus gebruikt om de actieve rol van de personages op de voorgrond te benadrukken. Maar ook de status van de personages speelt vaak een rol bij hun positie binnen het shot. Op 01:14:00 (5) zien we Tullio centraal vooraan in beeld aan zijn bureau zitten. Ver verwijderd in de achtergrond staat zijn butler. Alleen de rijke personages krijgen een hoofdrol in deze film. Het is ten slotte enkel hun leefwereld die we te zien krijgen. De bedienden worden vaak veroordeeld tot een plek in de achtergrond. Ook bekleden zij een vrij theatrale functie binnen shots die zoals in *The Chess Game of The Wind* mogelijk wordt gemaakt door de diepte. In een scène die zich afspeelt op 00:34:17 zien we hoe Giuliana, door de camera gevolgd met een pan-beweging naar rechts, haar butler tegenkomt in de hal. Nadat ze hem een vraag heeft gesteld en hij deze beantwoord heeft, stapt de butler naar achter uit beeld (6). Net als de dokter in de film van Aslani heeft hij zijn rol gespeeld en verlaat hij de scène alsof het een podium zou zijn.

Toch lijkt de sociale isolatie van de rijken in *L'innocente* zich soms ook te manifesteren in een soort gevangenschap binnen de ruimte die hen als het ware omringt. De personages worden omgeven door hun eigen decadentie die soms erg verstikkend kan zijn. Dit wordt heel fel benadrukt door het kleurenpalet dat soms "all over the place" is, waardoor soms de kleuren in de ruimte vloeken en bijna overweldigend worden. Een goed voorbeeld daarvan is terug te vinden op 00:31:55 (7). Bruin, paars, roze, wit, groen, ... Het kleurenpalet is zowel indrukwekkend als chaotisch te noemen. Vaak kan men ook spreken van een discrepantie tussen de kleuren van de kledij die de personages dragen en hun omgeving zodat de personages van de ruimte losgekoppeld lijken te worden. Dit draagt enerzijds bij aan de levendigheid en onafhankelijkheid van de personages, anderzijds lijkt de ruimte het personage hierdoor ook te omsingelen en isoleren. Dit is bijvoorbeeld heel goed te zien op 00:40:24 (8) waarbij de kleren van de personages, die vooral zwart en wit getint zijn, duidelijk contrasteren met de bombastische, schreeuwerige kleuren in de ruimte rondom hen. In beide films zijn de personages gevangenen van hun eigen rijkdom, afgeschermd van de buitenwereld, maar in tegenstelling tot de personages in *The Chess Game of The Wind*, benadert *L'innocente* diens personages bijna altijd op een uiterst persoonlijke manier. Het aantal close-up's in deze film ligt dan ook veel hoger. Interessant om hierbij op te merken is dat er wel een enkele uitzondering bestaat op de persoonlijke verhouding van de film tot de personages. Tullio's dood op het einde van de film wordt namelijk zeer onpersoonlijk in de achtergrond van het shot in beeld gebracht. Na zijn dood wordt Tullio deel van het decor, een levenloos object dat zich in de ruimte bevindt (9). De arrogante, dominante en manipulatieve Tullio pleegt zelfmoord en verliest daarmee zijn animus.

Beide films eindigen op een gelijkaardige wijze, namelijk met een vrouw, het dienstmeisje in *The Chess Game of The Wind* en Teresa in *L'innocente* die zich genoodzaakt voelt om haar afgeschermde biotoop te verlaten en voor de buitenwereld in te ruilen. Hier valt een vergelijking te maken met het klassieke einde van de western. Net als de eenzame cowboy zijn deze twee vrouwen te wild geworden voor de "beschaafde wereld". Ze hebben te veel gezien of gedaan om er ooit nog naar terug te kunnen keren en gaan "a new frontier" opzoeken. Tegelijkertijd kan men deze gelijkaardige slotscènes ook beschouwen in het licht van een emancipatie, een losbreken zowel van de mannen en machtsstructuren die hun leven bepaalden als van hun eigen sociale isolatie.

Spanning

Waar de twee films op gebied van het evoceren van een gevoel van isolatie nog enkele raakvlakken vertonen, verschillen beide films wel grotendeels in de wijze waarop spanning wordt opgeroepen.

In *The Chess Game of The Wind* komt de film, die tot dan toe visueel zeer statisch van aard leek te zijn, bij de moord op Atabac op 00:37:35 plots helemaal tot leven en is het de eerste keer dat we het kader nu zo intens zien bewegen. De camera zwermt rond de personages als een roofdier dat de bewegingen van diens prooi volgt, traag en afwachtend. Ook de intrede van een nieuwe angstaanjagende soundtrack, een soort vervormde jazz, samen met het subtiel verder tikken van de klok in de achtergrond zorgen voor een grillige sfeer, net als het oranjeachtige kleurenpalet veroorzaakt door de belichting. De lichtbron in deze scène bestaat immers enkel maar uit kaarsen die zich binnen het frame bevinden en harde schaduwen werpen op de gezichten van de personages, wat weer bijdraagt tot de suspense (10). Voor dit aparte gebruik van licht werd Aslani naar eigen zeggen geïnspireerd door de schilderijen van Georges de La Tour en wou hij de kijker visueel meenemen naar een tijd in Iran toen men nog geen elektriciteit kende. Hiervoor filmde hij de scènes met een weinig lichtgevoelige Zeiss lens, dezelfde soort lens waarmee Stanley Kubrick in 1975 *Barry Lyndon* opnam (Aghighi 2017, 199-200)

Na de moord en het wegwerken van het lichaam lijkt het leven van de huisvrouw weer zijn normale, eenzame en saaie verloop te hervatten. Dit wordt ook visueel vertaald. De film lijkt terug tot rust te komen en het enigszins chaotische camerawerk maakt wederom plaats voor statische beelden. Wanneer de vrouw echter begint te vermoeden dat Atabac toch niet dood is en het op haar gemunt heeft, sluipt een zekere paranoia binnen haar geest die wederom resulteert in een vormverandering van de film. Op een avond denkt ze het gelach van Atabac in het huis lijkt te horen, besluit de vrouw gewapend met een pistool op onderzoek uit te gaan, waarbij ze zichzelf, om de trappen af te kunnen gaan, uit haar rolstoel moet hijsen en zich met moeite over de grond moet slepen. Vrijwel direct komt de camera weer in beweging en is de chaotische soundtrack weer zeer prominent op de voorgrond van de audioband te horen. De camera volgt haar soms op dezelfde stalkende wijze als voorheen, maar houdt dan, meestal achter een hoekje of in een deuropening halt en slaat de protagoniste van op afstand gade (11). Dit geeft de kijker het gevoel dat de vrouw wordt bekeken en achtervolgd. Vanaf 01:25, wanneer de vrouw haar zoektocht in de kelder voortzet, begint de film meer weg te hebben van een horrorfilm. De macabere filmstijl zet zich voort in combinatie met de steeds meer aanzwellende muziek. Het nu door rood gedomineerde kleurenpalet geeft deze sequentie een broeierige sfeer die doet denken aan een koortsdroom (12, 13).

Kortom kunnen we zeggen dat spanning in *The Chess Game of The Wind* veroorzaakt wordt door een plotse verandering in de vormelijke stijl van de film, die visueel samengaat met de mentale staat waarin de protagoniste zich bevindt. Dit zorgt ervoor dat de film soms flirt met het surreële, omdat ook de huisvrouw haar grip op de werkelijkheid verliest.

L'innocente daarentegen is een film die doorgaans doorheen diens verloop dezelfde stijl behoudt, waardoor spanning zich ook op een andere manier in de film manifesteert. Deze spanning wordt subtieler uitgedrukt dan in *The Chess Game of The Wind* en wordt vooral teweeggebracht door de découpage, montage en het acteren in de film. Het is natuurlijk niet zo dat het acteren in de andere film niets bijdraagt, maar door het frequenter gebruik van close-up's in *L'innocente* wordt mimiek een allesbepalende factor in de film wanneer we spreken over het creëren van vaak emotionele spanning. Een voorbeeld is de close-up van Tullio's gezicht op 01:35:36 (14). De viscerale afkeer die we door zijn intens acteren van zijn gelaat kunnen lezen, zet de grimmige toon die niet veel later in de film tot een dramatisch culminatiepunt zal leiden.

Een voorbeeld van het gebruik van montage om een goede spanningsboog te bekomen, is terug te vinden bij de moord op de baby vanaf 01:45:00, waar er in de montage constant gecut wordt tussen de moord op de baby door Tullio en zijn familie in de kerk. Dit vertraagt en rekt de actie uit, waardoor er spanning ontstaat.

L'innocente is over het algemeen een vrij stille film, op een paar momenten na begeleid door zachte klassieke muziek. Spanning wordt dus niet (met uitzondering van 01:30:25) begeleidt met opzwepende muziek zoals bij de andere film het geval is. In plaats daarvan wordt de stilte soundtrack van de film, waardoor ook de andere (omgevings-)geluiden harder overkomen. Door de stilte wordt bijvoorbeeld het geschreeuw van de baby, wanneer Tullio deze van het leven probeert te beroven, oorverdovend.

Een visueel effect dat terugkerend in de film gebruikt wordt om spanning te evoceren, is een dramatische camera-zoom. Een voorbeeld hiervan is te vinden na de dood van de baby op 01:50:34, wanneer Giuliana Tullio probeert tegen te houden aan de deur van de slaapkamer (15, 16). De camera-zoom zorgt voor een dramatisch effect en staat ons toe deze intense interactie van zeer dichtbij waar te nemen.

Intimiteit

Ten slotte verschillen beide films ook in hun vormelijke benadering tot intimiteit tussen de kijker en een personage of tussen de personages zelf. *The Chess Game of The Wind* is een film die grotendeels op een zeer onpersoonlijke manier gefilmd is, waardoor het sporadische gebruik van close-up's meer impact heeft bij de kijker. We voelen ons hierbij plots heel wat dichter bij het personage door het grote contrast met de rest van de shots. Ook zeer opvallend in deze film zijn de vele insert-shots van handen. Deze worden personages op zich binnen het shot en drukken een vorm van elegantie uit in de simpelheid van hun bewegingen. Door het focussen op slechts een deel van het lichaam en kleine handelingen in contrast met de anders afstandelijke filmstijl wordt de intimiteit van het shot benadrukt. Dit doet erg denken aan de cinema van Robert Bresson, waar handen misschien nog meer zeggen over de intentie van personages dan hun gezicht (Pipolo 2010, 147). In een interview voor het tijdschrift *Amis du film* in 1960 zei Bresson zelf het volgende over handen in cinema: "Hands are like people. They have their own intelligence, their own will. They take themselves (often) to places we don't send them." (Bresson 2016, 65). Een voorbeeld van zo'n intiem shot van handen kunnen we vinden op 01:02:22 (17), waar een sexuele aantrekkingskracht tussen de huisvrouw en haar dienstmeid door de handen benadrukt wordt. Deze sexuele handeling heeft echter wel veel weg van machtsmisbruik door de huisvrouw, die duidelijk het voortouw neemt in de interactie.

In *L'innocente* komen er ook sporadisch intieme insert-shots van handen voor, zoals op 01:32:12 (18), maar in mindere mate en met minder effect. Dit komt omdat de film ook al veel persoonlijker en daarom ook intiemer in beeld gebracht wordt door een veel frequenter gebruik van close-up's en de shot/reverse shot benadering van conversaties. Om dit probleem op te lossen, zoekt de film het expliciete op. Zo telt de film een paar uitgesproken seksscènes, zoals op 01:10:13 (19). Opvallend is dat deze naaktscènes ook altijd in teken staan van het machtsspel dat Tullio speelt met Giuliana en Teresa. In deze scène probeert Tullio Giuliana ervan te overtuigen om voor een abortus te kiezen. Wanneer zij weerstand biedt, besluit hij om haar uit te kleden, terwijl hij zelf zijn kleren aanhoudt, dit om zijn dominantie te tonen. Ook de douchescène vroeger in de film (00:39:38) is een voorbeeld van een machtsspel gespeeld door Tullio met zijn liefdesrivaal Filippo (20, 21, 22, 23). Terwijl Filippo onder de douche staat, merkt hij dat Tullio naar hem staart. De scène krijgt haast iets homo-erotisch door diens intieme filmstijl. Met een trage pan-up beweging onthult de camera vanuit het perspectief van Tullio het naakte lichaam van Filippo van zijn tenen tot zijn hoofd. Na een shot/ reverse shot waarin de twee mannen elkaar aanstaren, besluit Filippo niet toe te geven aan Tullio's intimidatie en stapt hij ostentatief pronkend met zijn lid uit de douche.

Conclusie

Zowel *The Chess Game of The Wind* als *L'innocente* vertellen ons iets over een wereld die voor de meesten van ons ongrijpbaar lijkt. De intenties van de regisseurs bij het maken van de films verschillen echter. Waar Aslani commentaar uit op de machtsstructuren binnen het aristocratische Iran, drukt Visconti, die tijdens de productie van zijn film al wist dat hij weldra zou sterven, een zekere nostalgie uit naar zijn vervlogen jeugd in een aristocratisch huishouden, alsook een zekere spijt (Bacon 1998, 214). *L'innocente* valt dus niet te situeren of analyseren binnen een historische politieke dimensie (Ishaghpour 1982, 108). De andere film wel. Dit verschil in intenties zorgt natuurlijk ook voor een verschil in vorm en stijl, ook al worden dezelfde zaken gethematiseerd en soortgelijke gevoelens geëvoceerd.

Ook verschilt de manier waarop de personages in beide films in het leven staan. Dit is vooral goed te merken aan de protagonisten in *The Chess Game of The Wind* en *L'innocente*. Waar de ene handelt, ondergaat de andere, Tullio leidt zijn leven, terwijl de huisvrouw lijdt onder haar leven. Dit verschil vertaalt zich natuurlijk ook in de vorm van de twee films. Toch zijn ze beiden niets meer dan gevangenen van hun eigen wereld en decadentie, gedwongen om aan de normen te voldoen die van hen verlangd worden. Wanneer je geketend bent, maakt het niet uit of je boeien van goud zijn.

Ondanks de verschillen moet geen van de twee films onderdoen voor de andere. Beide zijn pareltjes met een geheel unieke stijl, die menig cinefiel zou moeten kunnen bekoren.

Bijlagen: Stills

1)

The Chess Game of The Wind

2)

The Chess Game of The Wind

3)

The Chess Game of The Wind

4)

L'innocente

5)
L'innocente

6)
L'innocente

7)

L'innocente

8)

L'innocente

9)

L'innocente

10)

The Chess Game of The Wind

11)
The Chess Game of The Wind

12)
The Chess Game of The Wind

15

13)
The Chess Game of The Wind

14)
L'innocente

15)
L'innocente

16)
L'innocente

17)

The Chess Game of The Wind

18)

L'innocente

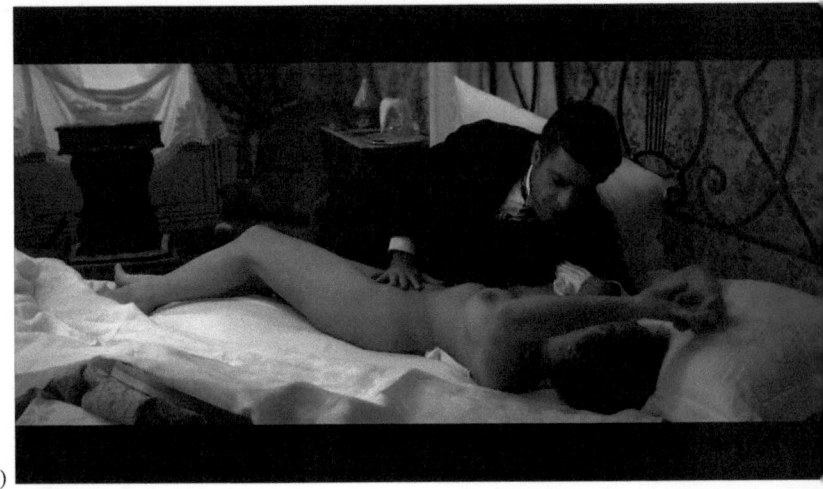

19)
L'innocente

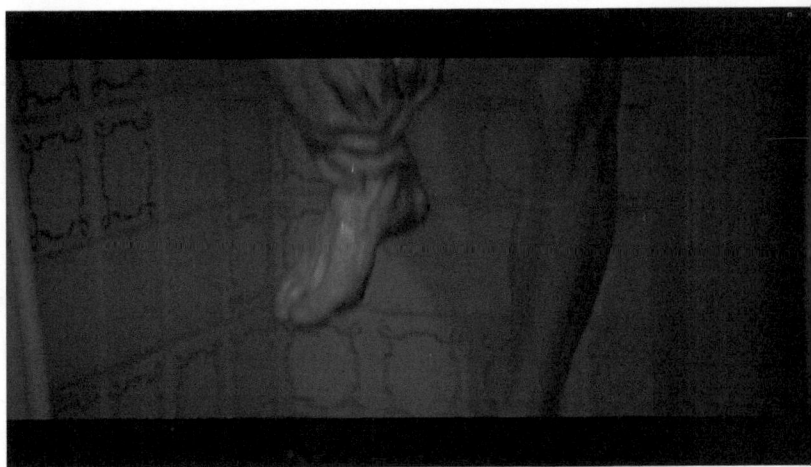

20)
L'innocente

21)
L'innocente

22)
L'innocente

23)

L'innocente

Bibliografie

Aghighi, Saeed. 2017. "Chess Game of The Wind." In *Directory of world cinema. IRAN 2*, edited by Parviz Jahed, 199-201. Bristol: Intellect.

Bacon, Henry. 1998. *Visconti. Explorations of Beauty and Decay.* Cambridge: Cambridge University Press.

Bresson, Robert. 2016. *Bresson on Bresson. Interviews 1943–1983.* New York: New York Review Books.

Ishaghpour, Youssef. 1982. *D'une image à l'autre.* Parijs: Denoël/Gonthier.

Pipolo, Tony. 2010. *Robert Bresson. A Passion for Film.* Oxford: Oxford University Press.

YOUR KNOWLEDGE HAS VALUE